Unia Genosis

Clearing IV

Unia Genosis

Clearing IV

Aufklärungsbemühungen

Goldene Rakete Verlag für Belletristik

Imprint

Cover image: www.ingimage.com

Publisher:
Goldene Rakete Verlag für Belletristik
is a trademark of
International Book Market Service Ltd., member of OmniScriptum Publishing Group
17 Meldrum Street, Beau Bassin 71504, Mauritius

Printed at: see last page
ISBN: 978-620-2-44570-2

Inhaltsverzeichnis:

I. Reklamation (2019):

1. Schreiben an die überweisende Bank:[1]

Ticket ID # #

Sehr geehrtes Bank Team,

hatten Sie schon die Gelegenheit, sich um mein Anliegen zu kümmern?

Weiterhin erwarte ich Ihre Beantwortung.

Mit freundlichen Grüßen

G.

[1] 10.09.2019

2. Automatisiertes Schreiben der überweisenden Bank:[2]

Sehr geehrte Kundin, sehr geehrter Kunde,

herzlichen Dank für Ihre E-Mail an unsere Bank.

Gern kümmern wir uns um Ihr Anliegen.

Wir bearbeiten es unter der Ticket ID, die wir zu Ihrer E-Mail vergeben haben.

Aktuell erhalten wir sehr viele Nachrichten.

Aus diesem Grund dauert die Beantwortung leider länger als Sie es gewohnt sind.

Hierfür möchten wir Sie um Verständnis bitten.

[2] 10.09.2019

Wussten Sie schon?

Auf htpps://antworten.bank.de/ finden Sie zu vielen Fragen die passende Antwort.

Probieren Sie´s doch einfach mal aus.
Mit freundlichen Grüßen

Ihr Bank E-Mail-Team

3. Schreiben an das Reklamationsmanagement:[3]

Sehr geehrte Frau B.,

sehr geehrte Damen und Herren des Zentralen Reklamationsmanagement,

am 19. Juni 2019 schrieben Sie mir, dass es Ihnen leider noch immer nicht gelungen sei, alle Informationen vollständig auszuwerten, dass Sie mir daher noch immer keine abschließende Lösung anbieten könnten, dass Sie mein Anliegen sorgfältig prüfen würden und mir innerhalb der nächsten zehn Arbeitstage antworten wollten.

Vielen Dank dafür, dass Sie sich für die gründliche Recherche des äußerst komplexen Sachverhalts ausreichend Zeit nehmen.

Vielen Dank zudem für Ihre herzliche Danksagung in Bezug auf meine Geduld.

Vielen Dank außerdem dafür, dass Sie Beschwerden in Bezug auf meine Rechte und Pflichten als Zahlungsdienstnutzer nach §§ 675c bis 676c des Bürgerlichen Gesetzbuches oder Artikel 248 des Einführungsgesetzes zum Bürgerlichen Gesetzbuch abschließend grundsätzlich spätestens innerhalb von 15 Arbeitstagen, spätestens jedoch innerhalb von 35 Arbeitstagen nach Eingang zu beantworten am 4. Juni 2019 schriftlich angekündigt haben.

---

[3] 08.10.2019

Nachdem nun allerdings bereits 4 Monate vergangen sind, ohne dass meine Anfrage von Ihnen beantwortet worden wäre, bitte ich Sie hiermit nochmalig darum, mir nun die zugesagte abschließende Lösung anzubieten.

Mit freundlichen Grüßen

G.

4. Automatisiertes Schreiben der überweisenden Bank:[4]

Sehr geehrte Kundin, sehr geehrter Kunde,

herzlichen Dank für Ihre E-Mail an unsere Bank.

Gern kümmern wir uns um Ihr Anliegen.

Wir bearbeiten es unter der Ticket ID, die wir zu Ihrer E-Mail vergeben haben.

Aktuell erhalten wir sehr viele Nachrichten.

Aus diesem Grund dauert die Beantwortung leider länger als Sie es gewohnt sind.

Hierfür möchten wir Sie um Verständnis bitten.

[4] 08.10.2019

Wussten Sie schon?

Auf htpps://antworten.bank.de/ finden Sie zu vielen Fragen die passende Antwort.

Probieren Sie´s doch einfach mal aus.
Mit freundlichen Grüßen

Ihr Bank E-Mail-Team

5. Schreiben an die Korrespondenzbank:[5]

Sehr geehrte Frau S.,

vielen Dank für Ihre Mitteilung vom 21. Mai 2019, meine Nachricht vom 20.05.2019 „zur Klärung an die zuständige Fachabteilung“ in Ihrem Hause weitergeleitet zu haben und mich, sobald die Bearbeitung meiner Anfrage abgeschlossen ist, informieren zu wollen.

Bitte teilen Sie mir mit, ob die zuständige Fachabteilung in Ihrem Hause meine Anfrage vom 20.05.2019 inzwischen bearbeiten konnte.

Mit freundlichen Grüßen

G.

[5] 08.10.2019

II. Nachforschung Ausland (2019):

1. Schreiben der überweisenden Bank:[6]

Kopie unseres Schreibens vom 16.05.2019

Sehr geehrte Frau G.,

wir haben von der Korrespondenzbank den Hinweis erhalten, dass Sie unser Antwortschreiben vom 16.05.2019 nicht erreicht hat.

Beigefügt erhalten Sie eine Kopie.

Mit freundlichen Grüßen

A.

Nachforschungen Ausland

[6] 15.10.2019

2. Schreiben der überweisenden Bank:[7]

Ihre Nachfrage zu unserer Antwort vom 3.5.19

Sehr geehrte Frau G.,

wir bedauern, dass unsere Antwort vom 3.5.19 nicht zu Ihrer Zufriedenheit ausgefallen ist.

Gerne gehen wir noch einmal auf Ihre Einwände ein.

Ihr Auftrag nach Malaysia wurde korrekt ausgeführt.

Wir haben am 04.04.14 unsere Korrespondenzbank beauftragt, die Zahlungsdaten weiterzuleiten und die entsprechende Deckung bereitzustellen.

Die Allgemeinen Geschäftsbedingungen unserer Bank – eine Niederlassung der Korrespondenzbank – sehen im Punkt IV der Besonderen Bedingungen für grenzüberschreitende Überweisungen in Staaten außerhalb der Europäischen Union und der EWR Staaten eindeutig vor, dass die Haftung unserer Bank – eine Niederlassung der Korrespondenzbank – auf eigenes Verschulden beschränkt ist.

[7] 16.05.2019

Für das Verschulden zwischengeschalteter Kreditinstitute haftet die Bank nicht.

Da sich der Betrag mit der Weiterleitung nicht mehr im Einflussbereich unserer Bank – eine Niederlassung der Korrespondenzbank – befindet, besteht aus haftungsrechtlicher Sicht keine Möglichkeit der Rückzahlung.

Bitte haben Sie Verständnis, dass wir Ihnen nicht weiterhelfen können und dass wir weitere Anfragen in dieser Angelegenheit nicht mehr beantworten.

Mit freundlichen Grüßen

A.

Nachforschungen Ausland

3. <u>Schreiben an die überweisende Bank mit Kopie an die weiterleitende Korrespondenzbank:</u>[8]

Sehr geehrter Herr A.,

sehr geehrte Damen und Herren der überweisenden Bank,

sehr geehrte Damen und Herren der weiterleitenden Korrespondenzbank,

sehr geehrte Damen und Herren des Zentralen Reklamtionsmanagements,

vielen Dank dafür, dass Sie sich von der Korrespondenzbank den Hinweis geben ließen, dass ich Ihr Antwortschreiben vom 16.05.2019 nicht erhalten habe.

Vielen Dank außerdem für die Zusendung der Kopie Ihres Antwortschreibens vom 16.05.2019.

Sicherlich können Sie verstehen, dass es mich sehr verwundert, dass Sie angeblich am 16.05.2019 ein Antwortschreiben aufgesetzt haben wollen und es mir nicht zukommen lassen konnten.

---

[8] 16.10.2019

Sicherlich können Sie außerdem verstehen, dass es mich verwundert, dass Sie die Angelegenheit am 16.05.2019 bereits zu einem Abschluss gebracht haben wollen.

Zumal mir Ihr Zentrales Reklamationsmanagement (mit derselben E-Mail-Anschrift) am 04.06.2019 mitgeteilt hat, meine Beschwerde vom 20.05.2019 noch nicht abschließend beantworten zu können.

Zumal mir außerdem Ihr Zentrales Reklamationsmanagement am 19.06.2019 antwortete, noch immer nicht alle Informationen vollständig ausgewertet zu haben und mir daher noch immer keine abschließende Lösung anbieten zu können.

Gibt es etwa noch weitere Antwortschreiben, welche mich angeblich nicht erreicht haben sollen?

Nun zu den inhaltlichen Mitteilungen, welche ebenfalls seltsam anmuten:

In Ihrem Antwortschreiben (vom 16.05.2019) schrieben Sie (angeblich), die Haftung der überweisenden Bank beschränke sich auf eigenes Verschulden.

„Für das Verschulden zwischengeschalteter Kreditinstitute haftet die Bank nicht.“

Da Sie am 04.04.2014 Ihre „Korrespondenzbank beauftragt hätten, die Zahlungsdaten weiterzuleiten und die entsprechende Deckung herzustellen“, handele es sich somit als „Verschulden zwischengeschalteter Kreditinstitute“ nicht um das Verschulden Ihrer

„Bank – als Niederlassung der Korrespondenzbank AG“, sondern um das Verschulden Ihrer Korrespondenzbank.

Selbige Korrespondenzbank schrieb mir jedoch am 20.05.2019, dass eine „Untersuchung über eine Überweisung nur bei der überweisenden Bank (der Bank, bei der die Überweisung begonnen wurde)“ angefordert werden könne und bittet mich aus diesem Grund, mich direkt an die überweisende Bank zu wenden, was ich daraufhin auch getan habe.

Zusammenfassend bedeutet dies, dass mich die weiterleitende Bank an die überweisende Bank – eine Niederlassung der weiterleitenden Bank AG – verweist, und dass mich umgekehrt die überweisende Bank – als Niederlassung der Korrespondenzbank AG – wiederum an „das zwischengeschaltete Kreditinstitut – die Korrespondenzbank“ – verweist.

Da es sich, wie ich als Laie vermute, sowohl bei der überweisenden Bank als „Niederlassung der Korrespondenzbank AG“ als auch bei der weiterleitenden Bank, jeweils um dasselbe Kreditinstitut, nämlich die Korrespondenzbank handelt, bitte ich nun, diese als zuständige Bank für beide Banken – sowohl die überweisende Bank als Niederlassung der Korrespondenzbank, als auch die weiterleitende Bank als zwischengeschaltetes Kreditinstitut –, die Korrespondenzbank selbst, die Angelegenheit zu klären.

Es geht, wie ich schon wiederholt mitteilte (vgl. Schreiben vom 20.05.2019 an die Korrespondenzbank) primär um die Untersuchung des bislang gescheiterten oder verhinderten Zahlungsrückrufes vom 09.04.2014.

Der Zahlungsrückruf über den Betrag von 5.000,00 EUR hätte von der überweisenden Bank – als Niederlassung der Korrespondenzbank AG – SCHNELLSTMÖGLICH bzw. UMGEHEND an die weiterleitende Bank – der Korrespondenzbank — weitergeleitet werden müssen!

Somit wäre augenblicklich verhindert worden, dass der Betrag von 5.000,00 EUR noch NACH dem durchgeführten Zahlungsrückruf vom 09.04.2014 auf das betrügerische Konto der Bank in Malaysia hätte überhaupt noch überwiesen werden können!

Da die Kommunikation innerhalb der beiden Banken – der überweisenden Bank als Niederlassung der Korrespondenzbank und der weiterleitenden Korrespondenzbank – anscheinend nur ungenügend verlief, werden mir meine 5.000,00 EUR seit nunmehr fünfeinhalb Jahren (!) vorenthalten!

Nun bitte ich Sie final darum, mir die seit 5 ½ Jahren vorenthaltenen 5.000,00 EUR (mit Zins und Zinseszins) auf mein Konto bei der überweisenden Bank zurück zu überweisen bzw. zu refundieren.

Meine Bankverbindung lautet: BIC / IBAN.

Mit freundlichen Grüßen

G.

4. Automatisiertes Schreiben der überweisenden Bank:[9]

Sehr geehrte Kundin, sehr geehrter Kunde,

herzlichen Dank für Ihre E-Mail an unsere Bank.

Gern kümmern wir uns um Ihr Anliegen.

Wir bearbeiten es unter der Ticket ID, die wir zu Ihrer E-Mail vergeben haben.

Aktuell erhalten wir sehr viele Nachrichten.

Aus diesem Grund dauert die Beantwortung leider länger als Sie es gewohnt sind.

Hierfür möchten wir Sie um Verständnis bitten.

[9] 16.10.2019

Wussten Sie schon?

Auf htpps://antworten.bank.de/ finden Sie zu vielen Fragen die passende Antwort.

Probieren Sie´s doch einfach mal aus.

Mit freundlichen Grüßen

Ihr Bank E-Mail-Team

5. <u>Schreiben der überweisenden Bank:</u>[10]

Sehr geehrte Frau G.,

Sie haben sich erneut an uns gewandt und um Erstattung des Überweisungsbetrages von 5.000,00 EUR gebeten.

Ich habe Ihr Anliegen noch einmal genau geprüft.

Leider kann ich Ihnen auch dieses Mal keine positive Antwort geben.

Ihren Wunsch nach Erstattung kann ich nicht erfüllen.

Sie haben einen wirksamen Überweisungsauftrag erteilt und diesen mit Ihrer Unterschrift bestätigt.

Die Überweisung haben wir wie von Ihnen ausgeführt.

Nach dem Zugang eines Überweisungsauftrags ist ein Widerruf nicht mehr möglich.

Rückrufe führt unsere Bank aus Kulanz für Ihre Kunden aus.

Eine rechtliche Verpflichtung besteht nicht.

Wir können die beteiligten Banken nur um Rückzahlung bitten.

---

[10] 18.10.2019

Eine Erfolgsgarantie gibt es nicht.

Wenn ein Betrag dem Konto des Empfängers bereits gutgeschrieben wurde, dann muss dieser der Rückzahlung zustimmen und über ausreichende Deckung verfügen.

Das war bei Ihrer Überweisung nicht der Fall.

Ein Verschulden unserer Bank liegt nicht vor.

Es besteht keine Rechtspflicht zu Erstattung des Überweisungsbetrags.

Ich hoffe, dass Sie meine Argumente nachvollziehen können.

Bitte haben Sie Verständnis, dass wir weitere Briefe nicht mehr beantworten werden.

Möchten Sie dennoch Ihre Beschwerde aufrechterhalten?

Dann wenden Sie sich bitte an den Ombudsmann, an dessen Verfahren unsere Bank als Niederlassung der Korrespondenzbank AG teilnimmt.

Als Geschäfts- oder Firmenkunde können Sie dies jedoch nur, wenn die Streitigkeit in den Anwendungsbereich der Vorschriften über Zahlungsdienste (§ 675f bis § 676 c des Bürgerlichen Gesetzbuches) fällt.

Das Verfahren ist für Sie entgeltfrei.

Bitte richten Sie Ihre Beschwerde in Textform (per Brief, E-Mail oder Fax) an die Geschäftsstelle.

Mit freundlichen Grüßen

A.

Nachforschungen Ausland.

6. <u>Schreiben an die überweisende Bank:</u>[11]

Sehr geehrter Herr A.,

Wie Sie wissen, handelt es sich bei dem „Empfänger" um einen polizeilich gesuchten und strafrechtlich verfolgten Betrüger.

Daher kann von seiner „Zustimmung" zur Rückzahlung des Überweisungsbetrages von 5.000,00 EUR nicht ausgegangen werden.

Ich bitte Sie noch einmal, den vollständigen Betrag von der Empfängerbank in Kuala Lumpur / Malaysia zurückzufordern.

Andernfalls werde ich mich gerne an den Ombudsmann wenden.

Mit freundlichen Grüßen

G.

[11] 22.10.2019

7. Automatisiertes Schreiben der überweisenden Bank:[12]

Sehr geehrte Kundin, sehr geehrter Kunde,

herzlichen Dank für Ihre E-Mail an unsere Bank.

Gern kümmern wir uns um Ihr Anliegen.

Wir bearbeiten es unter der Ticket ID, die wir zu Ihrer E-Mail vergeben haben.

Aktuell erhalten wir sehr viele Nachrichten.

Aus diesem Grund dauert die Beantwortung leider länger als Sie es gewohnt sind.

Hierfür möchten wir Sie um Verständnis bitten.

[12] 22.10.2019

Wussten Sie schon?

Auf htpps://antworten.bank.de/ finden Sie zu vielen Fragen die passende Antwort.

Probieren Sie´s doch einfach mal aus.

Mit freundlichen Grüßen

Ihr Bank E-Mail-Team

III. Geschäftsstelle Ombudsmann (2019):

1. Schreiben an den Ombudsmann:[13]

Sehr geehrter Herr Ombudsmann,

vor über 3 ½ Jahren hatte ich mich bereits schon einmal an Sie gewandt und die Angelegenheit ausführlich dargestellt (vgl. mein Schreiben vom 08.01.2016).

Damals formulierte ich die Antwort auf Ihre Frage „Was wollen Sie mit Ihrer Beschwerde erreichen?" folgendermaßen: „Vertragsrückabwicklung aufgrund eines nachweislichen Betruges! Zahlungsrückruf bzw. Refundierung des überwiesenen Betrages von 5.000,00 EUR vom 02.04.2014 an die Bank in Kuala Lumpur in Malaysia (IBAN / BIC)."

Leider habe ich nie eine Antwort von Ihnen auf mein Schreiben vom 08.01.2016 erhalten.

Daher musste ich mich in der Zwischenzeit auf eigene Faust mit den diversen betroffenen Banken auseinandersetzen.

Die Empfängerbank in Kuala Lumpur / Malaysia teilte mir am 04.02.2016 mit, mein Betrag sei am 09.04.2014 auf oben genanntem Konto

[13] 23.10.2019

eingegangen: „As per confirmation from the branch the amount credited on Fund credited dd 09/04/14."

Am 07.04.2019 bittet mich selbige Bank, mich in Bezug auf die Angelegenheit an eine „höhere Autorität" zu wenden: „We appreciate it if you could liaise directly to higher authority on the sad matter."

Daraufhin habe ich mich an das Gouvernement in Malaysia gewandt und erhielt am 09.04.2019 die Auskunft der Zentralbank von Malaysia: „The bank may have to take necessary measures to get the consent before the money could be taken out from the account."

Auf mein erneutes Schreiben an die Bank in Kuala Lumpur in Malaysia mit Bitte um Refundierung des betrügerisch erwirkten Betrages von 5.000,00 EUR antwortete mir diese am 19.04.2019: „we were made to understand that you will need to liaise with your bank."

Am 20.04.2019 wandte ich mich also mit einem ausführlichen Schreiben an meine Bank mit der Bitte, mich bei der Refundierung des betrügerisch erwirkten Betrages von 5.000,00 EUR tatkräftig zu unterstützen (vgl. E-Mail vom 20.04.2019).

Am 22.04.2019 erhielt ich sogar eine Referenznummer von der Empfängerbank in Kuala Lumpur in Malaysia für besagten Fall: „We append below your reference number."

Am 02.05.2019 erhielt ich als weitere Auskunft der Bank in Kuala Lumpur / Malaysia: „We would appreciate if you could liaise with your bank to enquire the recall status of the fund."

Am 08.05.2019 erhielt ich ein erstes Schreiben meiner Bank vom 03.05.2019 mit folgender Mitteilung: „gerne übermitteln wir Ihnen das Ergebnis unserer Nachforschung zu Ihrem Zahlungsauftrag mit Referenz über 5.000,00 EUR. Aufgrund Ihrer erneuten Anfrage haben wir nochmals bei der Empfängerbank angefragt und die folgende Nachricht erhalten. Zitat: 1. THE AMOUNT NOT AVAILABLE IN THE ACCOUNT 2. UNABLE TO CONTACT CUSTOMER. Zitatende. Wir bedauern Ihnen in dieser Angelegenheit nicht weiter behilflich sein zu können. Wir haben den Vorgang abgeschlossen. Mit freundlichen Grüßen A. Nachforschungen Ausland".

Daraufhin teilte ich meiner Bank in einem Schreiben vom 09.05.2019 erneut mit, dass es sich nachweislich „um einen kriminellen Fall und um einen offenkundigen Betrug" (vgl. Anzeige bei Polizei / Verhandlungen bei Staatsanwaltschaft / Generalstaatsanwaltschaft) handelt: „Die Bank kann seit 5 Jahren nicht den Kontoinhaber kontaktieren – es gibt ihn auch gar nicht, es handelt sich von Anfang an um eine gefälschte Identität mit gefälschten Papieren." „Ich verlange einen Nachweis darüber, dass sich der Betrag von 5.000,00 EUR nicht mehr auf besagtem Konto befindet. Falls dies tatsächlich der Fall sein sollte, möchte ich wissen, auf welches Konto / welche Konten mein Geld geflossen ist." „Sollte die Bank diese Auskünfte verweigern, deckt sie nachweislich einen Betrüger bzw. ein Betrugskomplott. Dann wäre ich gezwungen, dieses betrügerische bzw. betrügerisch unterstützende Verhalten strafrechtlich zu verfolgen."

Am 16.05.2019 antwortet daraufhin meine Bank: „Ihr Auftrag nach Malaysia wurde korrekt ausgeführt. Wir haben am 04.04.14 unsere Korrespondenzbank beauftragt, die Zahlungsdaten weiterzuleiten und die entsprechende Deckung bereitzustellen. Die Allgemeinen Geschäftsbedingungen unserer Bank – eine Niederlassung der Korrespondenzbank – sehen im Punkt IV der Besonderen Bedingungen für grenzüberschreitende Überweisungen in Staaten außerhalb der Europäischen Union und der EWR Staaten eindeutig vor, dass die Haftung unserer Bank – eine Niederlassung der Korrespondenzbank – auf eigenes Verschulden beschränkt ist. Für das Verschulden zwischengeschalteter Kreditinstitute haftet die Bank nicht. Da sich der Betrag mit der Weiterleitung nicht mehr im Einflussbereich unserer Bank – eine Niederlassung der Korrespondenzbank – befindet, besteht aus haftungsrechtlicher Sicht keine Möglichkeit der Rückzahlung."

Daraufhin habe ich mich am 18.05.2019 an die Korrespondenzbank als die weiterleitende Bank gewandt und darum gebeten, für die Refundierung meines Geldes bzw. für Klarheit in dieser Angelegenheit zu sorgen.

Am 20.05.2019 antwortete mir die weiterleitende Bank daraufhin: „Bitte beachten Sie, dass Sie eine Untersuchung über eine Überweisung nur bei der überweisenden Bank (der Bank, bei der die Überweisung begonnen wurde) anfordern können. Aus diesem Grund bitten wir Sie, sich direkt an die überweisende Bank zu wenden."

Daraufhin schrieb ich am 20.05.2019 der weiterleitenden Bank, dass sich nun „**die Frage nach der Zuständigkeit in Bezug auf die Refundierung**" stelle und bat diese, mich bzw. die überweisende Bank „als Niederlassung der Korrespondenzbank AG bei der Refundierung des Betrages von 5.000,00 EUR aus Malaysia tatkräftig zu unterstützen."

Außerdem bat ich in einem Schreiben vom 20.05.2019 die überweisende Bank wiederum, bitte nun „untereinander (Korrespondenzbank [sich aus haftungsrechtlicher Sicht verschuldet habende Bank] und überweisende Bank als Niederlassung der Korrespondenzbank AG) die Frage der Haftung mit der Möglichkeit der Rückzahlung bzw. Refundierung der 5.000,00 EUR aus Malaysia" zu klären.

Am 21.05.2019 schrieb mir eine Angestellte der Korrespondenzbank: „wir haben die Nachricht zur Klärung an die zuständige Fachabteilung in unserem Hause weitergeleitet. Sobald die Bearbeitung abgeschlossen ist, wird man Sie informieren."

Seitdem hat sich die weiterleitende Bank nie wieder bei mir gemeldet, auch nicht auf weitere Nachfrage (z.B. vom 08.10.2019). **(BESCHWERDE!)**

Eine Angestellte vom Zentralen Reklamationsmanagement der überweisenden Bank schrieb mir am 04.06.2019: „Für die Recherche des Sachverhalts benötigen wir jedoch etwas Zeit. Wir werden Ihnen voraussichtlich in den nächsten zehn Arbeitstagen antworten. Beschwerden in Bezug auf Ihre Rechte und Pflichten als Zahlungsdienstnutzer nach §§ 675c bis 676c des Bürgerlichen Gesetzbuches oder Artikel 248 des Einführungsgesetzes zum Bürgerlichen Gesetzbuch beantworten wir abschließend grundsätzlich spätestens innerhalb von 15 Arbeitstagen, spätestens jedoch innerhalb von 35 Arbeitstagen nach Eingang. Wir bedanken uns herzlich für Ihre Geduld."

Am 19.06.2019 schrieb mir dieselbe Angestellte vom Zentralen Reklamationsmanagement der überweisenden Bank: „Leider ist es uns noch nicht gelungen, alle Informationen vollständig zu prüfen. Daher können wir Ihnen heute keine abschließende Lösung anbieten. Wir prüfen Ihr Anliegen sorgfältig und werden Ihnen innerhalb der nächsten zehn Arbeitstage antworten. Vielen Dank für Ihre Geduld."

Anschließend habe ich – trotz wiederholter Nachfrage (am 05.08.2019, 10.09.2019, 08.10.2019) – nichts mehr vom Zentralen Reklamationsmanagement der überweisenden Bank gehört. **(BESCHWERDE!)**

Am 15.10.2019 schreibt mir wiederum der Angestellte der Abteilung Nachforschungen Ausland von der überweisenden Bank: „wir haben von der Korrespondenzbank den Hinweis erhalten, dass Sie unser Antwortschreiben vom 16.05.2019 nicht erreicht hat. Beigefügt erhalten Sie eine Kopie."

Beide Banken, sowohl die weiterleitende Korrespondenzbank AG als auch die überweisende Bank als Niederlassung der Korrespondenzbank AG, haben nun lange genug mit mir „Hase und Igel" gespielt.

Daher wende ich mich nun erneut an Sie, um Klarheit in die Angelegenheit zu bringen und eine bzw. beide Banken im Zusammenspiel dahingehend zu bewegen, mir bei der Refundierung des Betrages von 5.000,00 EUR aus Malaysia behilflich zu sein.

Sollte aus haftungsrechtlichen Gründen ein Verschulden einer der beiden oder gar beider Banken in Bezug auf den kommunikativ ungenügenden Zahlungsrückruf vom 09.04.2014 vorliegen, bitte ich um Erstattung der 5.000,00 EUR und um Entschädigung.

Mit freundlichen Grüßen

G.

(BIC / IBAN)

2. Schreiben der Geschäftsstelle Ombudsmann:[14]

Ombudsmannverfahren

G. ./. überweisende Bank

Sehr geehrte Frau G.,

wir bestätigen den Erhalt Ihres Schlichtungsantrags, der am 23.10.2019 bei uns eingegangen ist.

Informationen zum Schlichtungsverfahren und die Verfahrensordnung des Ombudsmanns können Sie unserer Internetseite entnehmen.

Zur weiteren Bearbeitung benötigen wir noch die zum Verständnis der Streitigkeiten erforderlichen Unterlagen in Kopie.

Wir bitten Sie daher, uns innerhalb eines Monats diese Unterlagen nachzureichen sowie das beigefügte Formular ausgefüllt und unterschrieben zurückzusenden.

Gleichzeitig dürfen wir Sie bitten, uns mitzuteilen, ob Sie auch eine Beschwerde gegen die weiterleitende Bank führen möchten.

---

[14] 29.10.2019

Bei weiterer Korrespondenz bitten wir um Angabe des oben genannten Aktenzeichens.

Mit freundlichen Grüßen

Referentin

3. Schreiben an die Geschäftsstelle Ombudsmann:[15]

Sehr geehrte Frau Y.,

vielen Dank für die Bestätigung des Erhalts meines Schlichtungsantrages am 23.10.2019.

Das beigefügte Formular habe ich ausgefüllt und sende es anbei unterschrieben zurück.

Darüber hinaus möchte ich auch eine Beschwerde gegen die weiterleitende Korrespondenzbank führen.

Die zur Bearbeitung notwendigen Unterlagen sende ich Ihnen im Anhang als Kopie zu.

Mit freundlichen Grüßen,

G.

---

[15] 31.10.2019

4. Schreiben an das Reklamationsmanagement mit Kopie an den Ombudsmann:[16]

Sehr geehrte Frau B.,

sehr geehrte Damen und Herren des Zentralen Reklamationsmanagement,

inzwischen sind nun über 5 Monate vergangen, ohne dass Sie meine Anfrage vom 20.05.2019 abschließend beantwortet hätten.

Sie kündigten mir am 04.06.2019 zwar eine Antwort innerhalb von 15 bzw. spätestens 35 Arbeitstagen an, teilten mir am 19.06.2019 jedoch nur mit, dass sie noch immer nicht alle Informationen hätten vollständig auswerten können, um mir eine „abschließende Lösung“ anzubieten.

Hierauf warte ich nun also bald schon ein halbes Jahr.

Bitte lassen Sie mir nun das Angebot einer abschließenden Lösung zukommen.

Mit freundlichem Gruß

G.

---

[16] 31.10.2019

5. <u>Automatisiertes Schreiben der überweisenden Bank:</u>[17]

Sehr geehrte Kundin, sehr geehrter Kunde,

herzlichen Dank für Ihre E-Mail an unsere Bank.

Gern kümmern wir uns um Ihr Anliegen.

Wir bearbeiten es unter der Ticket ID, die wir zu Ihrer E-Mail vergeben haben.

Aktuell erhalten wir sehr viele Nachrichten.

Aus diesem Grund dauert die Beantwortung leider länger als Sie es gewohnt sind.

Hierfür möchten wir Sie um Verständnis bitten.

[17] 31.10.2019

Wusssten Sie schon?

Auf htpps://antworten.bank.de/ finden Sie zu vielen Fragen die passende Antwort.

Probieren Sie´s doch einfach mal aus.

Mit freundlichen Grüßen

Ihr Bank E-Mail-Team

6. Schreiben an die Korrespondenzbank mit Kopie an den Ombudsmann:[18]

Sehr geehrte Frau S.,

leider habe ich noch immer keine Antwort auf meine Anfrage vom 08.10.2019 bzw. vom 20.05.2019 von Ihnen erhalten.

Sie berichten zwar am 21.05.2019, meine Nachricht „zur Klärung an die zuständige Fachabteilung" in Ihrem Hause weitergeleitet zu haben und mich, sobald die Bearbeitung meiner Anfrage abgeschlossen ist, informieren zu wollen, jedoch habe ich keine weiteren Auskünfte diesbezüglich von Ihnen erhalten.

Hiermit bitte ich Sie noch einmal um eine Auskunft.

Bitte leiten Sie meine Bank nicht erneut an, mir bereits zugesandte Schriftstücke wiederholt zuzusenden.

Mit freundlichen Grüßen

G.

[18] 31.10.2019

7. Schreiben der Korrespondenzbank:[19]

Sehr geehrte Frau G.,

für die Unannehmlichkeiten, die Ihnen entstanden sind, bitten wir Sie um Entschuldigung.

Es liegt in unserem Interesse, einen angemessenen, freundlichen und zuverlässigen Service zu gewährleisten, und wir sind stets gewillt, unser Angebot zu optimieren.

Dabei sind wir auch auf die aktive Mithilfe angewiesen, und detaillierte Darstellungen wie Ihre helfen uns dabei, unseren Qualitätsstandard ständig zu überwachen und zu verbessern.

Wir danken Ihnen für Ihre Nachricht und haben Ihren Hinweis an den zuständigen Fachbereich zur Überprüfung des geschilderten Umstandes gebeten.

Ihre Meinung ist uns wichtig.

Empfehlen Sie uns gerne weiter – für jeden Neukunden bedanken wir uns mit einer hochwertigen Prämie.

https.//www.bank.de/kunden-empfehlen-kunden

---

[19] 31.10.2019

Mit freundlichen Grüßen

Ihre Bank

S.

Wir sind immer für Sie da:

- Per Telefon: 24h-Kundenservice
- Per Fax
- Per E-Mail: Für Fragen, Informationen zu unseren Produkten sowie für Lob und Tadel
- Per Post: Schreiben Sie uns bei Fragen, Informationen zu unseren Produkten sowie für Ihr Lob und Tadel unter: Bank
- Über Ihre Filiale: Sicher sind wir auch in Ihrer Nähe. Sie finden uns ganz einfach
- Per Facebook
- Per Twitter

8. Schreiben der Schlichtungsstelle Ombudsmann:[20]

Sehr geehrte Frau G.,

Sie senden uns eine E-Mail mit über 20 einzelnen Anlagen.

Bitte haben Sie Verständnis dafür, dass wir ein derart hohes Volumen an einzelnen Dateianhängen nicht bearbeiten können.

Die Beschwerden werden elektronisch verwaltet.

Deshalb müssten die Sachbearbeiter jede Anlage einzeln abrufen.

Vor diesem Hintergrund senden Sie bitte Ihre E-Mail mit zu einer Anlage zusammengefügten Anhängen.

Gern können Sie uns alternativ per Telefax oder auf dem Postweg kontaktieren.

Postadresse

Telefax

[20] 01.11.2019

Vielen Dank für Ihr Verständnis.

Mit freundlichem Gruß

Ombudsmann

Schlichtungsstelle

9. <u>Schreiben an die Schlichtungsstelle Ombudsmann:</u>[21]

Sehr geehrter Ombudsmann,

die 22 angehängten Anlagen erhalten Sie nun auf dem Postweg.

Mit freundlichem Gruß

G.

[21] 01.11.2019

10. Schreiben der Schlichtungsstelle Ombudsmann:[22]

Ombudsmannverfahren

G. ./. überweisende Bank

Sehr geehrte Frau G.,

wir bestätigen den Erhalt des Formulars vom 31.10.2019 sowie der beigefügten Unterlagen und bitten Sie uns mitzuteilen, ob sich Ihr Schlichtungsantrag gegen die oben genannte Bank und die Korrespondenzbank AG richten sollte oder nur gegen die überweisende Bank als Niederlassung der Korrespondenzbank AG, da es sich um zwei selbständige Mitgliedsinstitute handelt.

Mit freundlichen Grüßen

Y.

[22] 11.11.2019

11. Schreiben an die Schlichtungsstelle Ombudsmann:[23]

Sehr geehrte Frau Y.,

hiermit teile ich Ihnen erneut mit, dass sich mein Schlichtungsantrag gegen die überweisende Bank – als Niederlassung der Korrespondenzbank AG – **UND** die weiterleitende Korrespondenzbank AG richtet.

Mit freundlichen Grüßen

G.

[23] 13.11.2019

12. Schreiben der Schlichtungsstelle Ombudsmann:[24]

Ombudsmannverfahren

G. ./. überweisende Bank – als Niederlassung der Korrespondenzbank AG und weiterleitende Korrespondenzbank AG

Sehr geehrte Frau G.,

wir bestätigen den Erhalt Ihrer E-Mail vom 13. November 2019 und teilen Ihnen mit, dass wir den Schlichtungsantrag mit Schreiben vom heutigen Tage den oben genannten Banken zur Stellungnahme zugeleitet haben.

Den weiteren Verfahrensgang entnehmen Sie bitte der Verfahrensordnung.

Mit freundlichen Grüßen

Y.

---

[24] 15.11.2019

Kolibri 360 GmbH
Ferdinand-Jühlke-Straße 7
99095 Erfurt, Deutschland
produktsicherheit@kolibri360.de

Druck:
CPI Druckdienstleistungen GmbH
im Auftrag der
Kolibri 360 GmbH
Ferdinand-Jühlke-Str. 7
99095 Erfurt